Jour Différent

Livres Pour Enfants De 9 À 12 Ans | Tome. 1 | Soustraction

ActivityCrusades

Publié par Speedy Publishing Canada Limited

ActivityCrusades
activity books

SOUSTRACTION

(1)

Trouver le numéro manquant.

Ex.

1) **98** - 42 = 56

2) 58 - __ = 3

3) __ - 48 = 24

4) __ - 37 = 62

5) __ - 56 = 24

6) 91 - __ = 16

7) 89 - __ = 30

8) __ - 50 = 45

9) __ - 37 = 20

10) __ - 49 = 30

11) 81 - __ = 27

12) 79 - __ = 4

1) __ - 80 = 12   2) __ - 63 = 33

3) 90 - __ = 55   4) __ - 58 = 2

5) 91 - __ = 11   6) 45 - __ = 5

7) __ - 58 = 7   8) 97 - __ = 11

9) __ - 85 = 12   10) 51 - __ = 17

11) 89 - __ = 10   12) __ - 56 = 14

1) $66 - \underline{} = 8$

2) $\underline{} - 64 = 17$

3) $\underline{} - 60 = 26$

4) $79 - \underline{} = 31$

5) $85 - \underline{} = 46$

6) $\underline{} - 51 = 24$

7) $\underline{} - 48 = 9$

8) $46 - \underline{} = 1$

9) $93 - \underline{} = 38$

10) $\underline{} - 38 = 12$

11) $\underline{} - 46 = 39$

12) $59 - \underline{} = 3$

4

1) 99 - __ = 19   2) 68 - __ = 19

3) __ - 35 = 48   4) __ - 36 = 36

5) __ - 30 = 58   6) __ - 51 = 2

7) 74 - __ = 8   8) __ - 49 = 15

9) 59 - __ = 28   10) __ - 58 = 21

11) 94 - __ = 24   12) __ - 66 = 7

1) __ - 47 = 51

2) __ - 41 = 20

3) 96 - __ = 17

4) __ - 84 = 7

5) __ - 38 = 1

6) __ - 42 = 24

7) 82 - __ = 26

8) 77 - __ = 28

9) 60 - __ = 22

10) __ - 38 = 58

11) 99 - __ = 25

12) 64 - __ = 14

1) $90 - \underline{} = 26$

2) $\underline{} - 84 = 11$

3) $51 - \underline{} = 16$

4) $90 - \underline{} = 40$

5) $\underline{} - 62 = 21$

6) $92 - \underline{} = 31$

7) $47 - \underline{} = 15$

8) $94 - \underline{} = 21$

9) $\underline{} - 49 = 50$

10) $97 - \underline{} = 58$

11) $\underline{} - 38 = 40$

12) $\underline{} - 51 = 5$

1) $48 - \underline{} = 2$

2) $99 - \underline{} = 11$

3) $\underline{} - 50 = 22$

4) $71 - \underline{} = 5$

5) $\underline{} - 40 = 40$

6) $73 - \underline{} = 25$

7) $73 - \underline{} = 2$

8) $\underline{} - 46 = 38$

9) $63 - \underline{} = 26$

10) $\underline{} - 40 = 59$

11) $92 - \underline{} = 27$

12) $61 - \underline{} = 14$

1) __ - 55 = 7   2) __ - 91 = 1

3) 89 - __ = 57   4) __ - 50 = 41

5) 87 - __ = 17   6) __ - 64 = 9

7) 89 - __ = 34   8) 84 - __ = 23

9) 62 - __ = 23   10) __ - 42 = 10

11) 62 - __ = 31   12) 59 - __ = 11

1) __ - 63 = 23

2) 96 - __ = 58

3) 94 - __ = 27

4) __ - 57 = 3

5) __ - 80 = 7

6) __ - 51 = 16

7) 96 - __ = 51

8) 82 - __ = 9

9) 84 - __ = 34

10) __ - 55 = 4

11) 77 - __ = 29

12) 49 - __ = 3

10

1) 81 - __ = 5

2) __ - 34 = 25

3) 76 - __ = 16

4) __ - 35 = 38

5) __ - 34 = 65

6) 79 - __ = 38

7) 79 - __ = 34

8) __ - 53 = 26

9) 86 - __ = 1

10) 75 - __ = 35

11) 78 - __ = 23

12) __ - 72 = 15

1) $98 - \_\_ = 30$

2) $55 - \_\_ = 25$

3) $99 - \_\_ = 8$

4) $58 - \_\_ = 4$

5) $93 - \_\_ = 16$

6) $\_\_ - 56 = 13$

7) $\_\_ - 31 = 39$

8) $\_\_ - 48 = 20$

9) $\_\_ - 53 = 33$

10) $87 - \_\_ = 30$

11) $\_\_ - 51 = 15$

12) $53 - \_\_ = 5$

1) __ - 45 = 51

2) 79 - __ = 12

3) __ - 35 = 15

4) 73 - __ = 18

5) __ - 47 = 50

6) __ - 44 = 31

7) __ - 30 = 21

8) __ - 77 = 6

9) 93 - __ = 12

10) __ - 53 = 33

11) 81 - __ = 14

12) 72 - __ = 20

(12)

Soustraction par rapport à l'addition.
Déterminer quel nombre répond correctement aux deux équations.

Ex.

1) $\underline{\textbf{2}} + 9 = 11$
$11 - 9 = \underline{\textbf{2}}$

2) $\underline{} + 1 = 5$
$5 - 1 = \underline{}$

3) $\underline{} + 2 = 20$
$20 - 2 = \underline{}$

4) $\underline{} + 12 = 17$
$17 - 12 = \underline{}$

5) $\underline{} + 1 = 20$
$20 - 1 = \underline{}$

6) $\underline{} + 4 = 6$
$6 - 4 = \underline{}$

7) $\underline{} + 5 = 14$
$14 - 5 = \underline{}$

8) $\underline{} + 17 = 19$
$19 - 17 = \underline{}$

9) $\underline{} + 1 = 19$
$19 - 1 = \underline{}$

10) $\underline{} + 16 = 18$
$18 - 16 = \underline{}$

1) _____ + 13 = 18
   18 - 13 = _____

2) _____ + 1 = 15
   15 - 1 = _____

3) _____ + 4 = 19
   19 - 4 = _____

4) _____ + 2 = 20
   20 - 2 = _____

5) _____ + 5 = 12
   12 - 5 = _____

6) _____ + 10 = 17
   17 - 10 = _____

7) _____ + 14 = 17
   17 - 14 = _____

8) _____ + 2 = 13
   13 - 2 = _____

9) _____ + 3 = 12
   12 - 3 = _____

10) _____ + 14 = 18
    18 - 14 = _____

1) _____ + 5 = 18
   18 - 5 = _____

2) _____ + 3 = 19
   19 - 3 = _____

3) _____ + 5 = 17
   17 - 5 = _____

4) _____ + 10 = 13
   13 - 10 = _____

5) _____ + 2 = 20
   20 - 2 = _____

6) _____ + 14 = 17
   17 - 14 = _____

7) _____ + 8 = 16
   16 - 8 = _____

8) _____ + 2 = 17
   17 - 2 = _____

9) _____ + 6 = 19
   19 - 6 = _____

10) _____ + 7 = 20
    20 - 7 = _____

1) _____ + 1 = 18
   18 - 1 = _____

2) _____ + 7 = 9
   9 - 7 = _____

3) _____ + 14 = 18
   18 - 14 = _____

4) _____ + 1 = 7
   7 - 1 = _____

5) _____ + 1 = 12
   12 - 1 = _____

6) _____ + 2 = 16
   16 - 2 = _____

7) _____ + 15 = 19
   19 - 15 = _____

8) _____ + 11 = 16
   16 - 11 = _____

9) _____ + 3 = 18
   18 - 3 = _____

10) _____ + 4 = 14
    14 - 4 = _____

1) _____ + 1 = 9
   9 - 1 = _____

2) _____ + 10 = 12
   12 - 10 = _____

3) _____ + 1 = 17
   17 - 1 = _____

4) _____ + 3 = 18
   18 - 3 = _____

5) _____ + 3 = 13
   13 - 3 = _____

6) _____ + 2 = 17
   17 - 2 = _____

7) _____ + 3 = 9
   9 - 3 = _____

8) _____ + 4 = 11
   11 - 4 = _____

9) _____ + 13 = 17
   17 - 13 = _____

10) _____ + 2 = 9
    9 - 2 = _____

1) _____ + 6 = 20
   20 - 6 = _____

2) _____ + 2 = 11
   11 - 2 = _____

3) _____ + 2 = 17
   17 - 2 = _____

4) _____ + 1 = 18
   18 - 1 = _____

5) _____ + 2 = 5
   5 - 2 = _____

6) _____ + 1 = 20
   20 - 1 = _____

7) _____ + 6 = 16
   16 - 6 = _____

8) _____ + 7 = 17
   17 - 7 = _____

9) _____ + 3 = 18
   18 - 3 = _____

10) _____ + 8 = 20
    20 - 8 = _____

1) _____ + 1 = 20
   20 - 1 = _____

2) _____ + 3 = 6
   6 - 3 = _____

3) _____ + 1 = 19
   19 - 1 = _____

4) _____ + 4 = 7
   7 - 4 = _____

5) _____ + 3 = 18
   18 - 3 = _____

6) _____ + 6 = 11
   11 - 6 = _____

7) _____ + 6 = 12
   12 - 6 = _____

8) _____ + 11 = 19
   19 - 11 = _____

9) _____ + 16 = 18
   18 - 16 = _____

10) _____ + 5 = 10
    10 - 5 = _____

1) _____ + 4 = 16
   16 - 4 = _____

2) _____ + 5 = 8
   8 - 5 = _____

3) _____ + 5 = 11
   11 - 5 = _____

4) _____ + 1 = 20
   20 - 1 = _____

5) _____ + 2 = 15
   15 - 2 = _____

6) _____ + 12 = 20
   20 - 12 = _____

7) _____ + 10 = 18
   18 - 10 = _____

8) _____ + 3 = 19
   19 - 3 = _____

9) _____ + 2 = 5
   5 - 2 = _____

10) _____ + 2 = 17
    17 - 2 = _____

1) _____ + 6 = 20
    20 - 6 = _____

2) _____ + 1 = 20
    20 - 1 = _____

3) _____ + 9 = 19
    19 - 9 = _____

4) _____ + 8 = 18
    18 - 8 = _____

5) _____ + 2 = 20
    20 - 2 = _____

6) _____ + 1 = 19
    19 - 1 = _____

7) _____ + 3 = 15
    15 - 3 = _____

8) _____ + 15 = 17
    17 - 15 = _____

9) _____ + 1 = 5
    5 - 1 = _____

10) _____ + 2 = 12
    12 - 2 = _____

1) ____ + 1 = 20
   20 - 1 = ____

2) ____ + 7 = 12
   12 - 7 = ____

3) ____ + 4 = 19
   19 - 4 = ____

4) ____ + 6 = 19
   19 - 6 = ____

5) ____ + 2 = 17
   17 - 2 = ____

6) ____ + 12 = 19
   19 - 12 = ____

7) ____ + 17 = 19
   19 - 17 = ____

8) ____ + 1 = 9
   9 - 1 = ____

9) ____ + 4 = 6
   6 - 4 = ____

10) ____ + 3 = 6
    6 - 3 = ____

1) _____ + 3 = 20
   20 - 3 = _____

2) _____ + 10 = 19
   19 - 10 = _____

3) _____ + 1 = 11
   11 - 1 = _____

4) _____ + 3 = 13
   13 - 3 = _____

5) _____ + 6 = 8
   8 - 6 = _____

6) _____ + 7 = 12
   12 - 7 = _____

7) _____ + 2 = 17
   17 - 2 = _____

8) _____ + 1 = 19
   19 - 1 = _____

9) _____ + 2 = 20
   20 - 2 = _____

10) _____ + 1 = 20
    20 - 1 = _____

1) _____ + 6 = 19

19 - 6 = _____

2) _____ + 1 = 14

14 - 1 = _____

3) _____ + 4 = 16

16 - 4 = _____

4) _____ + 3 = 15

15 - 3 = _____

5) _____ + 1 = 19

19 - 1 = _____

6) _____ + 1 = 20

20 - 1 = _____

7) _____ + 9 = 20

20 - 9 = _____

8) _____ + 4 = 10

10 - 4 = _____

9) _____ + 6 = 16

16 - 6 = _____

10) _____ + 3 = 18

18 - 3 = _____

(25)

Résolvez les problèmes suivants.

Ex.

1) 7,435
− 3,021
4,414

2) 5,277
− 3,736

3) 2,537
− 1,949

4) 1,647
− 1,030

5) 7,207
− 4,198

6) 6,115
− 5,526

7) 9,700
− 2,919

8) 6,141
− 3,505

9) 2,195
− 1,271

10) 6,334
− 4,254

1) 8,150
   - 1,474

2) 3,806
   - 2,715

3) 3,916
   - 3,602

4) 5,393
   - 3,018

5) 3,707
   - 1,930

6) 7,422
   - 2,430

7) 2,636
   - 1,337

8) 6,677
   - 2,808

9) 4,825
   - 3,562

10) 7,714
   - 3,306

1)   1,585
  − 1,276

2)   6,298
  − 5,900

3)   1,210
  − 1,183

4)   1,417
  − 1,110

5)   3,212
  − 2,537

6)   4,969
  − 2,024

7)   5,455
  − 3,980

8)   9,932
  − 2,336

9)   7,644
  − 3,937

10)   1,367
  − 1,295

1)   5,279
    - 2,516

2)   2,634
    - 2,577

3)   6,751
    - 2,784

4)   3,933
    - 2,945

5)   4,326
    - 1,063

6)   4,341
    - 2,271

7)   4,792
    - 2,260

8)   4,590
    - 2,194

9)   1,962
    - 1,670

10)   7,337
    - 1,655

1)   8,625
   - 8,421

2)   2,143
   - 1,653

3)   3,627
   - 2,097

4)   4,718
   - 3,942

5)   1,351
   - 1,345

6)   1,122
   - 1,059

7)   5,998
   - 4,985

8)   6,719
   - 3,156

9)   9,993
   - 7,318

10)   3,922
    - 3,539

1) 1,492
  - 1,065

2) 9,272
  - 2,052

3) 5,332
  - 1,212

4) 2,593
  - 2,550

5) 3,174
  - 1,571

6) 6,861
  - 5,533

7) 9,276
  - 6,863

8) 5,445
  - 1,527

9) 3,509
  - 1,420

10) 6,753
  - 4,718

1)   3,481
   - 1,091

2)   2,738
   - 1,355

3)   9,117
   - 6,234

4)   5,072
   - 4,386

5)   1,005
   - 1,004

6)   8,320
   - 8,224

7)   4,208
   - 2,419

8)   3,794
   - 1,264

9)   4,824
   - 1,860

10)   9,589
   - 9,479

1) 4,681
  - 1,609

2) 6,494
  - 4,809

3) 8,488
  - 6,623

4) 6,590
  - 2,337

5) 8,397
  - 3,387

6) 1,907
  - 1,805

7) 2,820
  - 2,248

8) 5,493
  - 1,203

9) 6,265
  - 1,466

10) 1,478
  - 1,053

1)   3,018
   - 2,697

2)   4,555
   - 2,900

3)   4,856
   - 2,125

4)   3,593
   - 2,884

5)   5,290
   - 4,595

6)   8,189
   - 3,229

7)   8,243
   - 4,907

8)   3,561
   - 1,098

9)   8,460
   - 4,691

10)   9,187
   - 1,997

1) 4,398
  - 3,408

2) 5,211
  - 1,527

3) 1,835
  - 1,499

4) 2,992
  - 2,125

5) 8,857
  - 3,752

6) 4,155
  - 3,799

7) 6,873
  - 4,695

8) 1,458
  - 1,071

9) 8,049
  - 5,137

10) 4,419
  - 2,259

1) 1,716
  − 1,279

2) 6,985
  − 2,496

3) 9,046
  − 1,016

4) 7,595
  − 5,302

5) 4,357
  − 3,839

6) 2,215
  − 1,976

7) 7,047
  − 3,056

8) 3,115
  − 1,863

9) 8,977
  − 8,150

10) 3,994
  − 3,443

1) 5,117
  - 4,783

2) 3,712
  - 3,074

3) 1,574
  - 1,096

4) 4,179
  - 4,111

5) 7,735
  - 6,474

6) 2,814
  - 1,110

7) 8,424
  - 1,798

8) 2,041
  - 1,443

9) 4,055
  - 3,281

10) 2,018
  - 1,054

Trouver les chiffres manquants.

Ex.

```
  7218          5_5_          9_9_          7_64
- 4130        - 4790        - 9784        - _72_
  3088           569           112          62_4
```

```
  _7_7          9_04          7527          8343
- 4_8_        - _9_1        - 27_2        - 43_2
  4897           495_           4_2_          3_8_
```

```
  9_56          25_3          _7_2          7584
- 52_5        - _169        - 753_        - 1_2_
   414_           344           2_25          62_6
```

```
   39_7          7_95          7_71          8379
-  _891       -  _8_1       -  _08_       -  4_6_
     46          190_          24_5          _9_8


   _19_          _69_          7_88          95_8
-  1_58       -  1_80       -  _5_3       -  1_0_
   60_3          28_1          311_          8094


   8542          8_09          _46_          99_5
-  4_4_       -  340_       -  4_12       -  609_
   _3_1          47_6          38_7          3_40
```

```
   4468          _68_         84_5          _71_
 - 21_7        - 4_38       - 3_63        - 2_74
 ─────         ─────        ─────         ─────
   2_4_          45_3         488_          15_6
```

```
   _53_          _95_         8_3_          4_4_
 - 18_8        - 22_6       - 23_8        - 32_5
 ─────         ─────        ─────         ─────
   3_04          4_15         6331          1130
```

```
   79_0          _996         63_9          7414
 - 4_7_        - 64_1       - 3_2_        - 33_8
 ─────         ─────        ─────         ─────
   3077          3_5_         2641          4_0_
```

```
    5_7          7_4_         5_48          _40_
-  515_       -  40_5      -  _7_5       -  16_7
   3_37          3866         813           4_66


   _96_         9_3_         5_5_          _062
-  14_2       -  12_0      -  1527       -  39_0
   7_94          8571         38_6          4_0_


   _134         _1_5         8_72          94_1
-  49_0       -  418_      -  _2_7       -  3_39
   1_1_          2_38         135           563_
```

```
   96_6          6_5_          _690          5_6_
-  _142       -  60_4      -   65_9      -   _4_3
   8_3_           951          2_3_          2270
```

```
   3_4_          _27_         91_9          70_2
-  2709       -  68_5      -  8_4_       -  2001
   _1_6           407          425          5_6_
```

```
   8_59          _5_2         4_7_          42_9
-  69_5       -  7_7_      -  28_8       -  2_2_
   151_           302         1429          1929
```

```
    _23_          737_          _41_          6_33
-  3_59       -  42_8       -  40_6       -  _90_
   51_0          3_80          4_81           529
```

```
   61_1           8_9_          _52_          9_38
-  237_        -  3191       -  2_84       -  _3_2
   3_34           52_8          26_6          205_
```

```
   61_8           8_77          373_          89_3
-  2_52        -  _33_       -  2_42       -  8732
   350_           39_7           893           241
```

(43)

```
  9972          9_5          9_2_         9231
- 4_0_        - 7_8_       - _3_0       - 52_9
  55_4          1452          335         3_6_
```

```
  4_77         33_3         2261         5_03
- 161_        - 2131       - 12_3       - _4_2
  32_8          1_3_          998          91
```

```
  60_6         70_8          _36_         _78_
- 3_17        - 107_       - 17_7       - 36_3
  228_          5_82         1_64          110
```

```
  36_9          58_7          85_0          4_62
- 3_12        - _571        - 1_26        - _9_1
 ─────         ─────         ─────         ─────
  317           3_7_          _36_          181_


  6_04          879_          50_4          _181
- 152_        - 7_47        - 2_64        - 59_4
 ─────         ─────         ─────         ─────
  45_4          17_2          _24_          1_2_


  4266          72_7          73_9          _88_
- 39_4        - 422_        - 2134        - 20_6
 ─────         ─────         ─────         ─────
  342           3_48          5_0_          7_80
```

```
    _0_1          9_73          5_50          9_61
 -  378_       -  _2_6       - 26_8        -  _93_
    5_75          836_          293_          72_1


    810_          _67_          9_4_          52_7
 -  78_7       - 29_2        - 4598        - 5_11
    223           4_69          47_6          226


    44_5          9870          _8_6          1_4_
 -  _072       - 54_6        - 1_2_        -  _4_1_
    353           4_4_          5805          25
```

```
   5_62          8_8_          91_7          97_9
-  _4_6       -  _1_7       -  7_1_       -  3859
   265_          5222          1234          5_5_


   8_0_          77_6          7_6_          9089
-  _8_3       -  625_       -  _1_9       -  40_2
   3223          1_30          1558          5_1_


   _3_4          6_01          24_9          _01_
-  183_       -  107_       -  2_87       -  59_1
   4_66          53_0           32            53
```

```
   7_77          8617          572_          8_5_
 - _0_9        - 2_5_        - 46_4        - 2455
 -------       -------       -------       -------
   512_          60_3          1_85          62_7
```

```
   _45_          3_6_          8_75          9_4_
 - 10_2        - 1221        - 144_        - 2710
 -------       -------       -------       -------
   2_14          23_7          70_4          67_2
```

```
   7_65          4_95          _34_          9837
 - _63_        - _16_        - 48_8        - 7_3_
 -------       -------       -------       -------
   63_1          10_1           448          24_8
```

62_7 - 572_ **524**	_88_ - 18_7 **4_83**	6576 - 5_0_ **14_9**	_3_9 - 6_5_ **1457**
68_9 - 645_ **358**	3276 - 28_1 **395**	_626 - 27_0 **6_2_**	9_92 - 884_ **10_7**
9_72 - _5_0 **170_**	81_8 - 789_ **297**	8_3_ - 22_3 **6182**	70_1 - 3_9_ **3819**

49

Soustraction des fractions.

Ex.

1) $8\frac{6}{11} - 3\frac{5}{22} = \quad 8\frac{12}{22} - 3\frac{5}{22} = \quad 5\frac{7}{22}$

2) $7\frac{16}{23} - 3\frac{9}{46} =$

3) $7\frac{9}{22} - 1\frac{1}{11} =$

4) $7\frac{10}{58} - 4\frac{1}{29} =$

5) $9\frac{7}{29} - 1\frac{12}{58} =$

6) $5\frac{6}{11} - 3\frac{7}{55} =$

7) $6\frac{8}{9} - 3\frac{3}{5} =$

8) $8\frac{10}{16} - 2\frac{1}{8} =$

9) $7\frac{2}{10} - 4\frac{1}{5} =$

10) $5\frac{3}{6} - 3\frac{1}{3} =$

1) $6\frac{3}{4} - 2\frac{3}{5} =$

2) $5\frac{2}{4} - 1\frac{13}{52} =$

3) $5\frac{1}{7} - 3\frac{4}{28} =$

4) $8\frac{3}{4} - 1\frac{11}{28} =$

5) $7\frac{15}{58} - 3\frac{7}{29} =$

6) $9\frac{3}{4} - 4\frac{4}{13} =$

7) $7\frac{3}{6} - 3\frac{1}{3} =$

8) $7\frac{13}{58} - 1\frac{4}{29} =$

9) $5\frac{2}{7} - 1\frac{1}{4} =$

10) $8\frac{6}{13} - 3\frac{4}{26} =$

51

1) $9\frac{7}{11} - 2\frac{3}{22} =$

2) $9\frac{11}{29} - 2\frac{16}{58} =$

3) $7\frac{13}{18} - 3\frac{3}{12} =$

4) $8\frac{1}{3} - 4\frac{15}{48} =$

5) $6\frac{5}{7} - 3\frac{10}{21} =$

6) $7\frac{8}{12} - 3\frac{1}{3} =$

7) $6\frac{10}{29} - 2\frac{11}{58} =$

8) $7\frac{2}{6} - 4\frac{3}{12} =$

9) $5\frac{8}{9} - 1\frac{15}{27} =$

10) $7\frac{2}{4} - 4\frac{3}{13} =$

1) $6\frac{12}{18} - 2\frac{1}{3} =$

2) $6\frac{3}{4} - 4\frac{15}{52} =$

3) $5\frac{12}{13} - 2\frac{15}{26} =$

4) $8\frac{4}{6} - 3\frac{13}{42} =$

5) $8\frac{2}{11} - 2\frac{1}{22} =$

6) $5\frac{5}{8} - 3\frac{2}{4} =$

7) $9\frac{13}{29} - 4\frac{14}{58} =$

8) $9\frac{14}{18} - 2\frac{3}{6} =$

9) $7\frac{11}{18} - 2\frac{3}{9} =$

10) $9\frac{5}{8} - 2\frac{2}{4} =$

1) $6\dfrac{9}{11} - 2\dfrac{4}{22} =$

2) $5\dfrac{12}{13} - 3\dfrac{15}{26} =$

3) $9\dfrac{2}{9} - 2\dfrac{1}{6} =$

4) $7\dfrac{6}{8} - 3\dfrac{2}{32} =$

5) $9\dfrac{12}{45} - 2\dfrac{2}{15} =$

6) $9\dfrac{8}{10} - 1\dfrac{5}{50} =$

7) $8\dfrac{10}{13} - 4\dfrac{10}{26} =$

8) $6\dfrac{1}{4} - 2\dfrac{4}{32} =$

9) $9\dfrac{3}{5} - 2\dfrac{3}{9} =$

10) $7\dfrac{10}{18} - 2\dfrac{1}{6} =$

1) $9\frac{4}{11} - 4\frac{12}{55} =$

2) $7\frac{4}{5} - 3\frac{8}{10} =$

3) $9\frac{6}{7} - 4\frac{13}{21} =$

4) $8\frac{9}{22} - 2\frac{3}{11} =$

5) $6\frac{11}{29} - 1\frac{16}{58} =$

6) $7\frac{6}{8} - 3\frac{14}{32} =$

7) $8\frac{8}{11} - 1\frac{13}{22} =$

8) $9\frac{7}{11} - 2\frac{13}{22} =$

9) $9\frac{8}{9} - 4\frac{8}{45} =$

10) $8\frac{3}{6} - 3\frac{5}{14} =$

1) $9\frac{10}{52} - 3\frac{1}{26} =$

2) $5\frac{5}{9} - 1\frac{12}{27} =$

3) $8\frac{6}{9} - 1\frac{3}{5} =$

4) $6\frac{3}{4} - 1\frac{2}{3} =$

5) $8\frac{7}{13} - 4\frac{3}{26} =$

6) $8\frac{8}{9} - 2\frac{10}{45} =$

7) $9\frac{2}{4} - 2\frac{2}{52} =$

8) $9\frac{12}{30} - 1\frac{7}{60} =$

9) $9\frac{1}{5} - 3\frac{2}{50} =$

10) $9\frac{2}{13} - 1\frac{3}{26} =$

1) $9\frac{16}{29} - 4\frac{13}{58} =$

2) $9\frac{5}{14} - 3\frac{1}{6} =$

3) $7\frac{2}{3} - 3\frac{3}{18} =$

4) $7\frac{3}{7} - 3\frac{5}{21} =$

5) $7\frac{4}{5} - 3\frac{1}{4} =$

6) $7\frac{6}{48} - 3\frac{3}{24} =$

7) $9\frac{2}{6} - 3\frac{10}{42} =$

8) $7\frac{15}{21} - 1\frac{2}{7} =$

9) $8\frac{12}{46} - 1\frac{5}{23} =$

10) $9\frac{7}{45} - 4\frac{1}{15} =$

1) $9\frac{4}{11} - 1\frac{2}{22} =$

2) $8\frac{5}{26} - 1\frac{1}{13} =$

3) $6\frac{3}{10} - 1\frac{5}{40} =$

4) $9\frac{2}{3} - 3\frac{2}{4} =$

5) $5\frac{5}{6} - 2\frac{1}{12} =$

6) $7\frac{14}{27} - 3\frac{1}{9} =$

7) $8\frac{1}{4} - 1\frac{1}{8} =$

8) $6\frac{2}{4} - 4\frac{1}{6} =$

9) $8\frac{4}{5} - 3\frac{4}{10} =$

10) $6\frac{11}{45} - 4\frac{1}{9} =$

1) $5\frac{9}{24} - 3\frac{4}{12} =$

2) $5\frac{14}{23} - 1\frac{5}{46} =$

3) $5\frac{11}{29} - 4\frac{12}{58} =$

4) $8\frac{14}{16} - 2\frac{1}{8} =$

5) $7\frac{14}{58} - 1\frac{1}{29} =$

6) $5\frac{2}{6} - 3\frac{2}{10} =$

7) $8\frac{7}{11} - 1\frac{5}{22} =$

8) $6\frac{2}{3} - 2\frac{15}{48} =$

9) $9\frac{7}{11} - 3\frac{13}{55} =$

10) $7\frac{1}{4} - 3\frac{7}{28} =$

1) $7\frac{1}{3} - 4\frac{2}{42} =$

2) $5\frac{8}{16} - 3\frac{10}{32} =$

3) $7\frac{5}{15} - 1\frac{7}{45} =$

4) $6\frac{9}{26} - 4\frac{5}{52} =$

5) $5\frac{8}{9} - 4\frac{10}{15} =$

6) $5\frac{14}{16} - 2\frac{10}{48} =$

7) $6\frac{8}{20} - 1\frac{5}{40} =$

8) $8\frac{3}{5} - 2\frac{10}{20} =$

9) $9\frac{13}{16} - 4\frac{5}{12} =$

10) $6\frac{5}{52} - 4\frac{1}{13} =$

1) $9\frac{3}{5} - 2\frac{6}{20} =$

2) $7\frac{15}{20} - 3\frac{2}{4} =$

3) $9\frac{3}{7} - 2\frac{3}{28} =$

4) $8\frac{4}{5} - 4\frac{2}{3} =$

5) $7\frac{7}{10} - 1\frac{1}{4} =$

6) $7\frac{12}{32} - 4\frac{4}{16} =$

7) $8\frac{2}{3} - 3\frac{10}{24} =$

8) $5\frac{9}{27} - 3\frac{2}{6} =$

9) $8\frac{4}{6} - 4\frac{2}{5} =$

10) $9\frac{10}{21} - 2\frac{1}{7} =$

CLÉ DE RÉPONSE

9-2=7
11-5=6
5-1=4
14-3=11

1

1) __ - 42 = 56   Answer = 98   2) 58 - __ = 3   Answer = 55

3) __ - 48 = 24   Answer = 72   4) __ - 37 = 62   Answer = 99

5) __ - 56 = 24   Answer = 80   6) 91 - __ = 16   Answer = 75

7) 89 - __ = 30   Answer = 59   8) __ - 50 = 45   Answer = 95

9) __ - 37 = 20   Answer = 57   10) __ - 49 = 30   Answer = 79

11) 81 - __ = 27   Answer = 54   12) 79 - __ = 4   Answer = 75

2

1) __ - 80 = 12   Answer = 92   2) __ - 63 = 33   Answer = 96

3) 90 - __ = 55   Answer = 35   4) __ - 58 = 2   Answer = 60

5) 91 - __ = 11   Answer = 80   6) 45 - __ = 5   Answer = 40

7) __ - 58 = 7   Answer = 65   8) 97 - __ = 11   Answer = 86

9) __ - 85 = 12   Answer = 97   10) 51 - __ = 17   Answer = 34

11) 89 - __ = 10   Answer = 79   12) __ - 56 = 14   Answer = 70

3

1) 66 - __ = 8   Answer = 58   2) __ - 64 = 17   Answer = 81

3) __ - 60 = 26   Answer = 86   4) 79 - __ = 31   Answer = 48

5) 85 - __ = 46   Answer = 39   6) __ - 51 = 24   Answer = 75

7) __ - 48 = 9   Answer = 57   8) 46 - __ = 1   Answer = 45

9) 93 - __ = 38   Answer = 55   10) __ - 38 = 12   Answer = 50

11) __ - 46 = 39   Answer = 85   12) 59 - __ = 3   Answer = 56

4

1) 99 - __ = 19   Answer = 80   2) 68 - __ = 19   Answer = 49

3) __ - 35 = 48   Answer = 83   4) __ - 36 = 36   Answer = 72

5) __ - 30 = 58   Answer = 88   6) __ - 51 = 2   Answer = 53

7) 74 - __ = 8   Answer = 66   8) __ - 49 = 15   Answer = 64

9) 59 - __ = 28   Answer = 31   10) __ - 58 = 21   Answer = 79

11) 94 - __ = 24   Answer = 70   12) __ - 66 = 7   Answer = 73

5

1) __ - 47 = 51   Answer = 98   2) __ - 41 = 20   Answer = 61

3) 96 - __ = 17   Answer = 79   4) __ - 84 = 7   Answer = 91

5) __ - 38 = 1   Answer = 39   6) __ - 42 = 24   Answer = 66

7) 82 - __ = 26   Answer = 56   8) 77 - __ = 28   Answer = 49

9) 60 - __ = 22   Answer = 38   10) __ - 38 = 58   Answer = 96

11) 99 - __ = 25   Answer = 74   12) 64 - __ = 14   Answer = 50

6

1) 90 - __ = 26   Answer = 64   2) __ - 84 = 11   Answer = 95

3) 51 - __ = 16   Answer = 35   4) 90 - __ = 40   Answer = 50

5) __ - 62 = 21   Answer = 83   6) 92 - __ = 31   Answer = 61

7) 47 - __ = 15   Answer = 32   8) 94 - __ = 21   Answer = 73

9) __ - 49 = 50   Answer = 99   10) 97 - __ = 58   Answer = 39

11) __ - 38 = 40   Answer = 78   12) __ - 51 = 5   Answer = 56

7

1) 48 - __ = 2   Answer = 46   2) 99 - __ = 11   Answer = 88

3) __ - 50 = 22   Answer = 72   4) 71 - __ = 5   Answer = 66

5) __ - 40 = 40   Answer = 80   6) 73 - __ = 25   Answer = 48

7) 73 - __ = 2   Answer = 71   8) __ - 46 = 38   Answer = 84

9) 63 - __ = 26   Answer = 37   10) __ - 40 = 59   Answer = 99

11) 92 - __ = 27   Answer = 65   12) 61 - __ = 14   Answer = 47

8

1) __ - 55 = 7   Answer = 62   2) __ - 91 = 1   Answer = 92

3) 89 - __ = 57   Answer = 32   4) __ - 50 = 41   Answer = 91

5) 87 - __ = 17   Answer = 70   6) __ - 64 = 9   Answer = 73

7) 89 - __ = 34   Answer = 55   8) 84 - __ = 23   Answer = 61

9) 62 - __ = 23   Answer = 39   10) __ - 42 = 10   Answer = 52

11) 62 - __ = 31   Answer = 31   12) 59 - __ = 11   Answer = 48

9

1) __ - 63 = 23   Answer = 86   2) 96 - __ = 58   Answer = 38

3) 94 - __ = 27   Answer = 67   4) __ - 57 = 3   Answer = 60

5) __ - 80 = 7   Answer = 87   6) __ - 51 = 16   Answer = 67

7) 96 - __ = 51   Answer = 45   8) 82 - __ = 9   Answer = 73

9) 84 - __ = 34   Answer = 50   10) __ - 55 = 4   Answer = 59

11) 77 - __ = 29   Answer = 48   12) 49 - __ = 3   Answer = 46

10

1) 81 - __ = 5   Answer = 76   2) __ - 34 = 25   Answer = 59

3) 76 - __ = 16   Answer = 60   4) __ - 35 = 38   Answer = 73

5) __ - 34 = 65   Answer = 99   6) 79 - __ = 38   Answer = 41

7) 79 - __ = 34   Answer = 45   8) __ - 53 = 26   Answer = 79

9) 86 - __ = 1   Answer = 85   10) 75 - __ = 35   Answer = 40

11) 78 - __ = 23   Answer = 55   12) __ - 72 = 15   Answer = 87

11

1) 98 - __ = 30   Answer = 68   2) 55 - __ = 25   Answer = 30

3) 99 - __ = 8   Answer = 91   4) 58 - __ = 4   Answer = 54

5) 93 - __ = 16   Answer = 77   6) __ - 56 = 13   Answer = 69

7) __ - 31 = 39   Answer = 70   8) __ - 48 = 20   Answer = 68

9) __ - 53 = 33   Answer = 86   10) 87 - __ = 30   Answer = 57

11) __ - 51 = 15   Answer = 66   12) 53 - __ = 5   Answer = 48

12

1) __ - 45 = 51   Answer = 96   2) 79 - __ = 12   Answer = 67

3) __ - 35 = 15   Answer = 50   4) 73 - __ = 18   Answer = 55

5) __ - 47 = 50   Answer = 97   6) __ - 44 = 31   Answer = 75

7) __ - 30 = 21   Answer = 51   8) __ - 77 = 6   Answer = 83

9) 93 - __ = 12   Answer = 81   10) __ - 53 = 33   Answer = 86

11) 81 - __ = 14   Answer = 67   12) 72 - __ = 20   Answer = 52

13

1) ___ + 9 = 11
   11 - 9 = ___

2) ___ + 1 = 5
   5 - 1 = ___

3) ___ + 2 = 20
   20 - 2 = ___

4) ___ + 12 = 17
   17 - 12 = ___

5) ___ + 1 = 20
   20 - 1 = ___

6) ___ + 4 = 6
   6 - 4 = ___

7) ___ + 5 = 14
   14 - 5 = ___

8) ___ + 17 = 19
   19 - 17 = ___

9) ___ + 1 = 19
   19 - 1 = ___

10) ___ + 16 = 18
    18 - 16 = ___

1. 2
2. 4
3. 18
4. 5
5. 19
6. 2
7. 9
8. 2
9. 18
10. 2

14

1) ___ + 13 = 18
   18 - 13 = ___

2) ___ + 1 = 15
   15 - 1 = ___

3) ___ + 4 = 19
   19 - 4 = ___

4) ___ + 2 = 20
   20 - 2 = ___

5) ___ + 5 = 12
   12 - 5 = ___

6) ___ + 10 = 17
   17 - 10 = ___

7) ___ + 14 = 17
   17 - 14 = ___

8) ___ + 2 = 13
   13 - 2 = ___

9) ___ + 3 = 12
   12 - 3 = ___

10) ___ + 14 = 18
    18 - 14 = ___

1. 5
2. 14
3. 15
4. 18
5. 7
6. 7
7. 3
8. 11
9. 9
10. 4

15

1) ___ + 5 = 18
   18 - 5 = ___

2) ___ + 3 = 19
   19 - 3 = ___

3) ___ + 5 = 17
   17 - 5 = ___

4) ___ + 10 = 13
   13 - 10 = ___

5) ___ + 2 = 20
   20 - 2 = ___

6) ___ + 14 = 17
   17 - 14 = ___

7) ___ + 8 = 16
   16 - 8 = ___

8) ___ + 2 = 17
   17 - 2 = ___

9) ___ + 6 = 19
   19 - 6 = ___

10) ___ + 7 = 20
    20 - 7 = ___

1. 13
2. 16
3. 12
4. 3
5. 18
6. 3
7. 8
8. 15
9. 13
10. 13

16

1) ___ + 1 = 18
   18 - 1 = ___

2) ___ + 7 = 9
   9 - 7 = ___

3) ___ + 14 = 18
   18 - 14 = ___

4) ___ + 1 = 7
   7 - 1 = ___

5) ___ + 1 = 12
   12 - 1 = ___

6) ___ + 2 = 16
   16 - 2 = ___

7) ___ + 15 = 19
   19 - 15 = ___

8) ___ + 11 = 16
   16 - 11 = ___

9) ___ + 3 = 18
   18 - 3 = ___

10) ___ + 4 = 14
    14 - 4 = ___

1. 17
2. 2
3. 4
4. 6
5. 11
6. 14
7. 4
8. 5
9. 15
10. 10

17

1) ____ + 1 = 9
9 - 1 = ____

2) ____ + 10 = 12
12 - 10 = ____

3) ____ + 1 = 17
17 - 1 = ____

4) ____ + 3 = 18
18 - 3 = ____

5) ____ + 3 = 13
13 - 3 = ____

6) ____ + 2 = 17
17 - 2 = ____

7) ____ + 3 = 9
9 - 3 = ____

8) ____ + 4 = 11
11 - 4 = ____

9) ____ + 13 = 17
17 - 13 = ____

10) ____ + 2 = 9
9 - 2 = ____

1. ____ 8
2. ____ 2
3. ____ 16
4. ____ 15
5. ____ 10
6. ____ 15
7. ____ 6
8. ____ 7
9. ____ 4
10. ____ 7

18

1) ____ + 6 = 20
20 - 6 = ____

2) ____ + 2 = 11
11 - 2 = ____

3) ____ + 2 = 17
17 - 2 = ____

4) ____ + 1 = 18
18 - 1 = ____

5) ____ + 2 = 5
5 - 2 = ____

6) ____ + 1 = 20
20 - 1 = ____

7) ____ + 6 = 16
16 - 6 = ____

8) ____ + 7 = 17
17 - 7 = ____

9) ____ + 3 = 18
18 - 3 = ____

10) ____ + 8 = 20
20 - 8 = ____

1. ____ 14
2. ____ 9
3. ____ 15
4. ____ 17
5. ____ 3
6. ____ 19
7. ____ 10
8. ____ 10
9. ____ 15
10. ____ 12

19

1) ____ + 1 = 20
20 - 1 = ____

2) ____ + 3 = 6
6 - 3 = ____

3) ____ + 1 = 19
19 - 1 = ____

4) ____ + 4 = 7
7 - 4 = ____

5) ____ + 3 = 18
18 - 3 = ____

6) ____ + 6 = 11
11 - 6 = ____

7) ____ + 6 = 12
12 - 6 = ____

8) ____ + 11 = 19
19 - 11 = ____

9) ____ + 16 = 18
18 - 16 = ____

10) ____ + 5 = 10
10 - 5 = ____

1. ____ 19
2. ____ 3
3. ____ 18
4. ____ 3
5. ____ 15
6. ____ 5
7. ____ 6
8. ____ 8
9. ____ 2
10. ____ 5

20

1) ____ + 4 = 16
16 - 4 = ____

2) ____ + 5 = 8
8 - 5 = ____

3) ____ + 5 = 11
11 - 5 = ____

4) ____ + 1 = 20
20 - 1 = ____

5) ____ + 2 = 15
15 - 2 = ____

6) ____ + 12 = 20
20 - 12 = ____

7) ____ + 10 = 18
18 - 10 = ____

8) ____ + 3 = 19
19 - 3 = ____

9) ____ + 2 = 5
5 - 2 = ____

10) ____ + 2 = 17
17 - 2 = ____

1. ____ 12
2. ____ 3
3. ____ 6
4. ____ 19
5. ____ 13
6. ____ 8
7. ____ 8
8. ____ 16
9. ____ 3
10. ____ 15

21

1) ____ + 6 = 20
   20 - 6 = ____

2) ____ + 1 = 20
   20 - 1 = ____

3) ____ + 9 = 19
   19 - 9 = ____

4) ____ + 8 = 18
   18 - 8 = ____

5) ____ + 2 = 20
   20 - 2 = ____

6) ____ + 1 = 19
   19 - 1 = ____

7) ____ + 3 = 15
   15 - 3 = ____

8) ____ + 15 = 17
   17 - 15 = ____

9) ____ + 1 = 5
   5 - 1 = ____

10) ____ + 2 = 12
    12 - 2 = ____

1. ____ 14
2. ____ 19
3. ____ 10
4. ____ 10
5. ____ 18
6. ____ 18
7. ____ 12
8. ____ 2
9. ____ 4
10. ____ 10

22

1) ____ + 1 = 20
   20 - 1 = ____

2) ____ + 7 = 12
   12 - 7 = ____

3) ____ + 4 = 19
   19 - 4 = ____

4) ____ + 6 = 19
   19 - 6 = ____

5) ____ + 2 = 17
   17 - 2 = ____

6) ____ + 12 = 19
   19 - 12 = ____

7) ____ + 17 = 19
   19 - 17 = ____

8) ____ + 1 = 9
   9 - 1 = ____

9) ____ + 4 = 6
   6 - 4 = ____

10) ____ + 3 = 6
    6 - 3 = ____

1. ____ 19
2. ____ 5
3. ____ 15
4. ____ 13
5. ____ 15
6. ____ 7
7. ____ 2
8. ____ 8
9. ____ 2
10. ____ 3

23

1) ____ + 3 = 20
   20 - 3 = ____

2) ____ + 10 = 19
   19 - 10 = ____

3) ____ + 1 = 11
   11 - 1 = ____

4) ____ + 3 = 13
   13 - 3 = ____

5) ____ + 6 = 8
   8 - 6 = ____

6) ____ + 7 = 12
   12 - 7 = ____

7) ____ + 2 = 17
   17 - 2 = ____

8) ____ + 1 = 19
   19 - 1 = ____

9) ____ + 2 = 20
   20 - 2 = ____

10) ____ + 1 = 20
    20 - 1 = ____

1. ____ 17
2. ____ 9
3. ____ 10
4. ____ 10
5. ____ 2
6. ____ 5
7. ____ 15
8. ____ 18
9. ____ 18
10. ____ 19

24

1) ____ + 6 = 19
   19 - 6 = ____

2) ____ + 1 = 14
   14 - 1 = ____

3) ____ + 4 = 16
   16 - 4 = ____

4) ____ + 3 = 15
   15 - 3 = ____

5) ____ + 1 = 19
   19 - 1 = ____

6) ____ + 1 = 20
   20 - 1 = ____

7) ____ + 9 = 20
   20 - 9 = ____

8) ____ + 4 = 10
   10 - 4 = ____

9) ____ + 6 = 16
   16 - 6 = ____

10) ____ + 3 = 18
    18 - 3 = ____

1. ____ 13
2. ____ 13
3. ____ 12
4. ____ 12
5. ____ 18
6. ____ 19
7. ____ 11
8. ____ 6
9. ____ 10
10. ____ 15

25

1) 7,435
 - 3,021
 4,414

2) 5,277
 - 3,736
 1,541

3) 2,537
 - 1,949
 588

4) 1,647
 - 1,030
 617

5) 7,207
 - 4,198
 3,009

6) 6,115
 - 5,526
 589

7) 9,700
 - 2,919
 6,781

8) 6,141
 - 3,505
 2,636

9) 2,195
 - 1,271
 924

10) 6,334
 - 4,254
 2,080

1. 4,414
2. 1,541
3. 588
4. 617
5. 3,009
6. 589
7. 6,781
8. 2,636
9. 924
10. 2,080

26

1) 8,150
 - 1,474
 6,676

2) 3,806
 - 2,715
 1,091

3) 3,916
 - 3,602
 314

4) 5,393
 - 3,018
 2,375

5) 3,707
 - 1,930
 1,777

6) 7,422
 - 2,430
 4,992

7) 2,636
 - 1,337
 1,299

8) 6,677
 - 2,808
 3,869

9) 4,825
 - 3,562
 1,263

10) 7,714
 - 3,306
 4,408

1. 6,676
2. 1,091
3. 314
4. 2,375
5. 1,777
6. 4,992
7. 1,299
8. 3,869
9. 1,263
10. 4,408

27

1) 1,585
 - 1,276
 309

2) 6,298
 - 5,900
 398

3) 1,210
 - 1,183
 27

4) 1,417
 - 1,110
 307

5) 3,212
 - 2,537
 675

6) 4,969
 - 2,024
 2,945

7) 5,455
 - 3,980
 1,475

8) 9,932
 - 2,336
 7,596

9) 7,644
 - 3,937
 3,707

10) 1,367
 - 1,295
 72

1. 309
2. 398
3. 27
4. 307
5. 675
6. 2,945
7. 1,475
8. 7,596
9. 3,707
10. 72

28

1) 5,279
 - 2,516
 2,763

2) 2,634
 - 2,577
 57

3) 6,751
 - 2,784
 3,967

4) 3,933
 - 2,945
 988

5) 4,326
 - 1,063
 3,263

6) 4,341
 - 2,271
 2,070

7) 4,792
 - 2,260
 2,532

8) 4,590
 - 2,194
 2,396

9) 1,962
 - 1,670
 292

10) 7,337
 - 1,655
 5,682

1. 2,763
2. 57
3. 3,967
4. 988
5. 3,263
6. 2,070
7. 2,532
8. 2,396
9. 292
10. 5,682

29

1) 8,625 − 8,421 = 204

2) 2,143 − 1,653 = 490

3) 3,627 − 2,097 = 1,530

4) 4,718 − 3,942 = 776

5) 1,351 − 1,345 = 6

6) 1,122 − 1,059 = 63

7) 5,998 − 4,985 = 1,013

8) 6,719 − 3,156 = 3,563

9) 9,993 − 7,318 = 2,675

10) 3,922 − 3,539 = 383

1. 204
2. 490
3. 1,530
4. 776
5. 6
6. 63
7. 1,013
8. 3,563
9. 2,675
10. 383

30

1) 1,492 − 1,065 = 427

2) 9,272 − 2,052 = 7,220

3) 5,332 − 1,212 = 4,120

4) 2,593 − 2,550 = 43

5) 3,174 − 1,571 = 1,603

6) 6,861 − 5,533 = 1,328

7) 9,276 − 6,863 = 2,413

8) 5,445 − 1,527 = 3,918

9) 3,509 − 1,420 = 2,089

10) 6,753 − 4,718 = 2,035

1. 427
2. 7,220
3. 4,120
4. 43
5. 1,603
6. 1,328
7. 2,413
8. 3,918
9. 2,089
10. 2,035

31

1) 3,481 − 1,091 = 2,390

2) 2,738 − 1,355 = 1,383

3) 9,117 − 6,234 = 2,883

4) 5,072 − 4,386 = 686

5) 1,005 − 1,004 = 1

6) 8,320 − 8,224 = 96

7) 4,208 − 2,419 = 1,789

8) 3,794 − 1,264 = 2,530

9) 4,824 − 1,860 = 2,964

10) 9,589 − 9,479 = 110

1. 2,390
2. 1,383
3. 2,883
4. 686
5. 1
6. 96
7. 1,789
8. 2,530
9. 2,964
10. 110

32

1) 4,681 − 1,609 = 3,072

2) 6,494 − 4,809 = 1,685

3) 8,488 − 6,623 = 1,865

4) 6,590 − 2,337 = 4,253

5) 8,397 − 3,387 = 5,010

6) 1,907 − 1,805 = 102

7) 2,820 − 2,248 = 572

8) 5,493 − 1,203 = 4,290

9) 6,265 − 1,466 = 4,799

10) 1,478 − 1,053 = 425

1. 3,072
2. 1,685
3. 1,865
4. 4,253
5. 5,010
6. 102
7. 572
8. 4,290
9. 4,799
10. 425

33

1) 3,018
− 2,697
321

2) 4,555
− 2,900
1,655

3) 4,856
− 2,125
2,731

4) 3,593
− 2,884
709

5) 5,290
− 4,595
695

6) 8,189
− 3,229
4,960

7) 8,243
− 4,907
3,336

8) 3,561
− 1,098
2,463

9) 8,460
− 4,691
3,769

10) 9,187
− 1,997
7,190

1. 321
2. 1,655
3. 2,731
4. 709
5. 695
6. 4,960
7. 3,336
8. 2,463
9. 3,769
10. 7,190

34

1) 4,398
− 3,408
990

2) 5,211
− 1,527
3,684

3) 1,835
− 1,499
336

4) 2,992
− 2,125
867

5) 8,857
− 3,752
5,105

6) 4,155
− 3,799
356

7) 6,873
− 4,695
2,178

8) 1,458
− 1,071
387

9) 8,049
− 5,137
2,912

10) 4,419
− 2,259
2,160

1. 990
2. 3,684
3. 336
4. 867
5. 5,105
6. 356
7. 2,178
8. 387
9. 2,912
10. 2,160

35

1) 1,716
− 1,279
437

2) 6,985
− 2,496
4,489

3) 9,046
− 1,016
8,030

4) 7,595
− 5,302
2,293

5) 4,357
− 3,839
518

6) 2,215
− 1,976
239

7) 7,047
− 3,056
3,991

8) 3,115
− 1,863
1,252

9) 8,977
− 8,150
827

10) 3,994
− 3,443
551

1. 437
2. 4,489
3. 8,030
4. 2,293
5. 518
6. 239
7. 3,991
8. 1,252
9. 827
10. 551

36

1) 5,117
− 4,783
334

2) 3,712
− 3,074
638

3) 1,574
− 1,096
478

4) 4,179
− 4,111
68

5) 7,735
− 6,474
1,261

6) 2,814
− 1,110
1,704

7) 8,424
− 1,798
6,626

8) 2,041
− 1,443
598

9) 4,055
− 3,281
774

10) 2,018
− 1,054
964

1. 334
2. 638
3. 478
4. 68
5. 1,261
6. 1,704
7. 6,626
8. 598
9. 774
10. 964

37

7218 - 4130 3088	5359 - 4790 569	9896 - 9784 112	7964 - 1720 6244
9777 - 4880 4897	9904 - 4951 4953	7527 - 2702 4825	8343 - 4362 3981
9356 - 5215 4141	2513 - 2169 344	9762 - 7537 2225	7584 - 1328 6256

38

3937 - 3891 46	7795 - 5891 1904	7571 - 5086 2485	8379 - 4461 3918
7191 - 1158 6033	4691 - 1880 2811	7688 - 4573 3115	9598 - 1504 8094
8542 - 4241 4301	8109 - 3403 4706	8469 - 4612 3857	9935 - 6095 3840

39

4468 - 2127 2341	8681 - 4138 4543	8445 - 3563 4882	3710 - 2174 1536
5532 - 1828 3704	6951 - 2236 4715	8639 - 2308 6331	4345 - 3215 1130
7950 - 4873 3077	9996 - 6441 3555	6369 - 3728 2641	7414 - 3308 4106

40

8587 - 5150 3437	7941 - 4075 3866	5548 - 4735 813	6403 - 1637 4766
8966 - 1472 7494	9831 - 1260 8571	5353 - 1527 3826	8062 - 3960 4102
6134 - 4920 1214	7125 - 4187 2938	8372 - 8237 135	9471 - 3839 5632

41

```
  9676        6955        8690        5763
- 1142      - 6004      - 6559      - 3493
  8534         951        2131        2270
```

```
  3845        7272        9169        7062
- 2709      - 6865      - 8744      - 2001
  1136         407         425        5061
```

```
  8459        7572        4277        4249
- 6945      - 7270      - 2848      - 2320
  1514         302        1429        1929
```

42

```
  8239        7378        8417        6433
- 3059      - 4298      - 4036      - 5904
  5180        3080        4381         529
```

```
  6111        8399        5520        9438
- 2377      - 3191      - 2884      - 7382
  3734        5208        2636        2056
```

```
  6158        8277        3735        8973
- 2652      - 4330      - 2842      - 8732
  3506        3947         893         241
```

43

```
  9972        8935        9725        9231
- 4408      - 7483      - 9390      - 5269
  5564        1452         335        3962
```

```
  4877        3363        2261        5503
- 1619      - 2131      - 1263      - 5412
  3258        1232         998          91
```

```
  6006        7058        3361        3783
- 3717      - 1076      - 1797      - 3673
  2289        5982        1564         110
```

44

```
  3629        5847        8590        4762
- 3312      - 2571      - 1226      - 2951
   317        3276        7364        1811
```

```
  6104        8799        5004        7181
- 1520      - 7047      - 2764      - 5954
  4584        1752        2240        1227
```

```
  4266        7277        7339        9886
- 3924      - 4229      - 2134      - 2006
   342        3048        5205        7880
```

45

```
  9061      9573      5550      9161
- 3786    - 1206    - 2618    - 1930
  5275      8367      2932      7231


  8100      7671      9344      5237
- 7877    - 2902    - 4598    - 5011
   223      4769      4746       226


  4425      9870      6826      1446
- 4072    - 5426    - 1021    - 1421
   353      4444      5805        25
```

46

```
  5062      8389      9147      9709
- 2406    - 3167    - 7913    - 3859
  2656      5222      1234      5850


  8106      7786      7667      9089
- 4883    - 6256    - 6109    - 4072
  3223      1530      1558      5017


  6304      6401      2419      6014
- 1838    - 1071    - 2387    - 5961
  4466      5330        32        53
```

47

```
  7177      8617      5729      8752
- 2049    - 2554    - 4644    - 2455
  5128      6063      1085      6297


  3456      3568      8475      9442
- 1042    - 1221    - 1441    - 2710
  2414      2347      7034      6732


  7965      4195      5346      9837
- 1634    - 3164    - 4898    - 7339
  6331      1031       448      2498
```

48

```
  6247      6880      6576      8309
- 5723    - 1897    - 5107    - 6852
   524      4983      1469      1457


  6809      3276      9626      9892
- 6451    - 2881    - 2700    - 8845
   358       395      6926      1047


  9272      8188      8435      7011
- 7570    - 7891    - 2253    - 3192
  1702       297      6182      3819
```

49

1) $8\frac{6}{11} - 3\frac{5}{22} =$ $8\frac{12}{22} - 3\frac{5}{22} =$ $5\frac{7}{22}$

2) $7\frac{16}{23} - 3\frac{9}{46} =$ $7\frac{32}{46} - 3\frac{9}{46} =$ $4\frac{23}{46} =$ $4\frac{1}{2}$

3) $7\frac{9}{22} - 1\frac{1}{11} =$ $7\frac{9}{22} - 1\frac{2}{22} =$ $6\frac{7}{22}$

4) $7\frac{10}{58} - 4\frac{1}{29} =$ $7\frac{10}{58} - 4\frac{2}{58} =$ $3\frac{8}{58} =$ $3\frac{4}{29}$

5) $9\frac{7}{29} - 1\frac{12}{58} =$ $9\frac{14}{58} - 1\frac{12}{58} =$ $8\frac{2}{58} =$ $8\frac{1}{29}$

6) $5\frac{6}{11} - 3\frac{7}{55} =$ $5\frac{30}{55} - 3\frac{7}{55} =$ $2\frac{23}{55}$

7) $6\frac{8}{9} - 3\frac{3}{5} =$ $6\frac{40}{45} - 3\frac{27}{45} =$ $3\frac{13}{45}$

8) $8\frac{10}{16} - 2\frac{1}{8} =$ $8\frac{10}{16} - 2\frac{2}{16} =$ $6\frac{8}{16} =$ $6\frac{1}{2}$

9) $7\frac{2}{10} - 4\frac{1}{5} =$ $7\frac{2}{10} - 4\frac{2}{10} =$ 3

10) $5\frac{3}{6} - 3\frac{1}{3} =$ $5\frac{3}{6} - 3\frac{2}{6} =$ $2\frac{1}{6}$

50

1) $6\frac{3}{4} - 2\frac{3}{5} =$ $6\frac{15}{20} - 2\frac{12}{20} =$ $4\frac{3}{20}$

2) $5\frac{2}{4} - 1\frac{13}{52} =$ $5\frac{26}{52} - 1\frac{13}{52} =$ $4\frac{13}{52} =$ $4\frac{1}{4}$

3) $5\frac{1}{7} - 3\frac{4}{28} =$ $5\frac{4}{28} - 3\frac{4}{28} =$ 2

4) $8\frac{3}{4} - 1\frac{11}{28} =$ $8\frac{21}{28} - 1\frac{11}{28} =$ $7\frac{10}{28} =$ $7\frac{5}{14}$

5) $7\frac{15}{58} - 3\frac{7}{29} =$ $7\frac{15}{58} - 3\frac{14}{58} =$ $4\frac{1}{58}$

6) $9\frac{3}{4} - 4\frac{4}{13} =$ $9\frac{39}{52} - 4\frac{16}{52} =$ $5\frac{23}{52}$

7) $7\frac{3}{6} - 3\frac{1}{3} =$ $7\frac{3}{6} - 3\frac{2}{6} =$ $4\frac{1}{6}$

8) $7\frac{13}{58} - 1\frac{4}{29} =$ $7\frac{13}{58} - 1\frac{8}{58} =$ $6\frac{5}{58}$

9) $5\frac{2}{7} - 1\frac{1}{4} =$ $5\frac{8}{28} - 1\frac{7}{28} =$ $4\frac{1}{28}$

10) $8\frac{6}{13} - 3\frac{4}{26} =$ $8\frac{12}{26} - 3\frac{4}{26} =$ $5\frac{8}{26} =$ $5\frac{4}{13}$

51

1) $9\frac{7}{11} - 2\frac{3}{22} =$ $9\frac{14}{22} - 2\frac{3}{22} =$ $7\frac{11}{22} =$ $7\frac{1}{2}$

2) $9\frac{11}{29} - 2\frac{16}{58} =$ $9\frac{22}{58} - 2\frac{16}{58} =$ $7\frac{6}{58} =$ $7\frac{3}{29}$

3) $7\frac{13}{18} - 3\frac{3}{12} =$ $7\frac{26}{36} - 3\frac{9}{36} =$ $4\frac{17}{36}$

4) $8\frac{1}{3} - 4\frac{15}{48} =$ $8\frac{16}{48} - 4\frac{15}{48} =$ $4\frac{1}{48}$

5) $6\frac{5}{7} - 3\frac{10}{21} =$ $6\frac{15}{21} - 3\frac{10}{21} =$ $3\frac{5}{21}$

6) $7\frac{8}{12} - 3\frac{1}{3} =$ $7\frac{8}{12} - 3\frac{4}{12} =$ $4\frac{4}{12} =$ $4\frac{1}{3}$

7) $6\frac{10}{29} - 2\frac{11}{58} =$ $6\frac{20}{58} - 2\frac{11}{58} =$ $4\frac{9}{58}$

8) $7\frac{2}{6} - 4\frac{3}{12} =$ $7\frac{4}{12} - 4\frac{3}{12} =$ $3\frac{1}{12}$

9) $5\frac{8}{9} - 1\frac{15}{27} =$ $5\frac{24}{27} - 1\frac{15}{27} =$ $4\frac{9}{27} =$ $4\frac{1}{3}$

10) $7\frac{2}{4} - 4\frac{3}{13} =$ $7\frac{26}{52} - 4\frac{12}{52} =$ $3\frac{14}{52} =$ $3\frac{7}{26}$

52

1) $6\frac{12}{18} - 2\frac{1}{3} =$ $6\frac{12}{18} - 2\frac{6}{18} =$ $4\frac{6}{18} =$ $4\frac{1}{3}$

2) $6\frac{3}{4} - 4\frac{15}{52} =$ $6\frac{39}{52} - 4\frac{15}{52} =$ $2\frac{24}{52} =$ $2\frac{6}{13}$

3) $5\frac{12}{13} - 2\frac{15}{26} =$ $5\frac{24}{26} - 2\frac{15}{26} =$ $3\frac{9}{26}$

4) $8\frac{4}{6} - 3\frac{13}{42} =$ $8\frac{28}{42} - 3\frac{13}{42} =$ $5\frac{15}{42} =$ $5\frac{5}{14}$

5) $8\frac{2}{11} - 2\frac{1}{22} =$ $8\frac{4}{22} - 2\frac{1}{22} =$ $6\frac{3}{22}$

6) $5\frac{5}{8} - 3\frac{2}{4} =$ $5\frac{5}{8} - 3\frac{4}{8} =$ $2\frac{1}{8}$

7) $9\frac{13}{29} - 4\frac{14}{58} =$ $9\frac{26}{58} - 4\frac{14}{58} =$ $5\frac{12}{58} =$ $5\frac{6}{29}$

8) $9\frac{14}{18} - 2\frac{3}{6} =$ $9\frac{14}{18} - 2\frac{9}{18} =$ $7\frac{5}{18}$

9) $7\frac{11}{18} - 2\frac{3}{9} =$ $7\frac{11}{18} - 2\frac{6}{18} =$ $5\frac{5}{18}$

10) $9\frac{5}{8} - 2\frac{2}{4} =$ $9\frac{5}{8} - 2\frac{4}{8} =$ $7\frac{1}{8}$

53

1) $6\frac{9}{11} - 2\frac{4}{22} = \quad 6\frac{18}{22} - 2\frac{4}{22} = \quad 4\frac{14}{22} = \quad 4\frac{7}{11}$

2) $5\frac{12}{13} - 3\frac{15}{26} = \quad 5\frac{24}{26} - 3\frac{15}{26} = \quad 2\frac{9}{26}$

3) $9\frac{2}{9} - 2\frac{1}{6} = \quad 9\frac{4}{18} - 2\frac{3}{18} = \quad 7\frac{1}{18}$

4) $7\frac{6}{8} - 3\frac{2}{32} = \quad 7\frac{24}{32} - 3\frac{2}{32} = \quad 4\frac{22}{32} = \quad 4\frac{11}{16}$

5) $9\frac{12}{45} - 2\frac{2}{15} = \quad 9\frac{12}{45} - 2\frac{6}{45} = \quad 7\frac{6}{45} = \quad 7\frac{2}{15}$

6) $9\frac{8}{10} - 1\frac{5}{50} = \quad 9\frac{40}{50} - 1\frac{5}{50} = \quad 8\frac{35}{50} = \quad 8\frac{7}{10}$

7) $8\frac{10}{13} - 4\frac{10}{26} = \quad 8\frac{20}{26} - 4\frac{10}{26} = \quad 4\frac{10}{26} = \quad 4\frac{5}{13}$

8) $6\frac{1}{4} - 2\frac{4}{32} = \quad 6\frac{8}{32} - 2\frac{4}{32} = \quad 4\frac{4}{32} = \quad 4\frac{1}{8}$

9) $9\frac{3}{5} - 2\frac{3}{9} = \quad 9\frac{27}{45} - 2\frac{15}{45} = \quad 7\frac{12}{45} = \quad 7\frac{4}{15}$

10) $7\frac{10}{18} - 2\frac{1}{6} = \quad 7\frac{10}{18} - 2\frac{3}{18} = \quad 5\frac{7}{18}$

54

1) $9\frac{4}{11} - 4\frac{12}{55} = \quad 9\frac{20}{55} - 4\frac{12}{55} = \quad 5\frac{8}{55}$

2) $7\frac{4}{5} - 3\frac{8}{10} = \quad 7\frac{8}{10} - 3\frac{8}{10} = \quad 4$

3) $9\frac{6}{7} - 4\frac{13}{21} = \quad 9\frac{18}{21} - 4\frac{13}{21} = \quad 5\frac{5}{21}$

4) $8\frac{9}{22} - 2\frac{3}{11} = \quad 8\frac{9}{22} - 2\frac{6}{22} = \quad 6\frac{3}{22}$

5) $6\frac{11}{29} - 1\frac{16}{58} = \quad 6\frac{22}{58} - 1\frac{16}{58} = \quad 5\frac{6}{58} = \quad 5\frac{3}{29}$

6) $7\frac{6}{8} - 3\frac{14}{32} = \quad 7\frac{24}{32} - 3\frac{14}{32} = \quad 4\frac{10}{32} = \quad 4\frac{5}{16}$

7) $8\frac{8}{11} - 1\frac{13}{22} = \quad 8\frac{16}{22} - 1\frac{13}{22} = \quad 7\frac{3}{22}$

8) $9\frac{7}{11} - 2\frac{13}{22} = \quad 9\frac{14}{22} - 2\frac{13}{22} = \quad 7\frac{1}{22}$

9) $9\frac{8}{9} - 4\frac{8}{45} = \quad 9\frac{40}{45} - 4\frac{8}{45} = \quad 5\frac{32}{45}$

10) $8\frac{3}{6} - 3\frac{5}{14} = \quad 8\frac{21}{42} - 3\frac{15}{42} = \quad 5\frac{6}{42} = \quad 5\frac{1}{7}$

55

1) $9\frac{10}{52} - 3\frac{1}{26} = \quad 9\frac{10}{52} - 3\frac{2}{52} = \quad 6\frac{8}{52} = \quad 6\frac{2}{13}$

2) $5\frac{5}{9} - 1\frac{12}{27} = \quad 5\frac{15}{27} - 1\frac{12}{27} = \quad 4\frac{3}{27} = \quad 4\frac{1}{9}$

3) $8\frac{6}{9} - 1\frac{3}{5} = \quad 8\frac{30}{45} - 1\frac{27}{45} = \quad 7\frac{3}{45} = \quad 7\frac{1}{15}$

4) $6\frac{3}{4} - 1\frac{2}{3} = \quad 6\frac{9}{12} - 1\frac{8}{12} = \quad 5\frac{1}{12}$

5) $8\frac{7}{13} - 4\frac{3}{26} = \quad 8\frac{14}{26} - 4\frac{3}{26} = \quad 4\frac{11}{26}$

6) $8\frac{8}{9} - 2\frac{10}{45} = \quad 8\frac{40}{45} - 2\frac{10}{45} = \quad 6\frac{30}{45} = \quad 6\frac{2}{3}$

7) $9\frac{2}{4} - 2\frac{2}{52} = \quad 9\frac{26}{52} - 2\frac{2}{52} = \quad 7\frac{24}{52} = \quad 7\frac{6}{13}$

8) $9\frac{12}{30} - 1\frac{7}{60} = \quad 9\frac{24}{60} - 1\frac{7}{60} = \quad 8\frac{17}{60}$

9) $9\frac{1}{5} - 3\frac{2}{50} = \quad 9\frac{10}{50} - 3\frac{2}{50} = \quad 6\frac{8}{50} = \quad 6\frac{4}{25}$

10) $9\frac{2}{13} - 1\frac{3}{26} = \quad 9\frac{4}{26} - 1\frac{3}{26} = \quad 8\frac{1}{26}$

56

1) $9\frac{16}{29} - 4\frac{13}{58} = \quad 9\frac{32}{58} - 4\frac{13}{58} = \quad 5\frac{19}{58}$

2) $9\frac{5}{14} - 3\frac{1}{6} = \quad 9\frac{15}{42} - 3\frac{7}{42} = \quad 6\frac{8}{42} = \quad 6\frac{4}{21}$

3) $7\frac{2}{3} - 3\frac{3}{18} = \quad 7\frac{12}{18} - 3\frac{3}{18} = \quad 4\frac{9}{18} = \quad 4\frac{1}{2}$

4) $7\frac{3}{7} - 3\frac{5}{21} = \quad 7\frac{9}{21} - 3\frac{5}{21} = \quad 4\frac{4}{21}$

5) $7\frac{4}{5} - 3\frac{1}{4} = \quad 7\frac{16}{20} - 3\frac{5}{20} = \quad 4\frac{11}{20}$

6) $7\frac{6}{48} - 3\frac{3}{24} = \quad 7\frac{6}{48} - 3\frac{6}{48} = \quad 4$

7) $9\frac{2}{6} - 3\frac{10}{42} = \quad 9\frac{14}{42} - 3\frac{10}{42} = \quad 6\frac{4}{42} = \quad 6\frac{2}{21}$

8) $7\frac{15}{21} - 1\frac{2}{7} = \quad 7\frac{15}{21} - 1\frac{6}{21} = \quad 6\frac{9}{21} = \quad 6\frac{3}{7}$

9) $8\frac{12}{46} - 1\frac{5}{23} = \quad 8\frac{12}{46} - 1\frac{10}{46} = \quad 7\frac{2}{46} = \quad 7\frac{1}{23}$

10) $9\frac{7}{45} - 4\frac{1}{15} = \quad 9\frac{7}{45} - 4\frac{3}{45} = \quad 5\frac{4}{45}$

57

1) $9\frac{4}{11} - 1\frac{2}{22} = \quad 9\frac{8}{22} - 1\frac{2}{22} = \quad 8\frac{6}{22} = \quad 8\frac{3}{11}$

2) $8\frac{5}{26} - 1\frac{1}{13} = \quad 8\frac{5}{26} - 1\frac{2}{26} = \quad 7\frac{3}{26}$

3) $6\frac{3}{10} - 1\frac{5}{40} = \quad 6\frac{12}{40} - 1\frac{5}{40} = \quad 5\frac{7}{40}$

4) $9\frac{2}{3} - 3\frac{2}{4} = \quad 9\frac{8}{12} - 3\frac{6}{12} = \quad 6\frac{2}{12} = \quad 6\frac{1}{6}$

5) $5\frac{5}{6} - 2\frac{1}{12} = \quad 5\frac{10}{12} - 2\frac{1}{12} = \quad 3\frac{9}{12} = \quad 3\frac{3}{4}$

6) $7\frac{14}{27} - 3\frac{1}{9} = \quad 7\frac{14}{27} - 3\frac{3}{27} = \quad 4\frac{11}{27}$

7) $8\frac{1}{4} - 1\frac{1}{8} = \quad 8\frac{2}{8} - 1\frac{1}{8} = \quad 7\frac{1}{8}$

8) $6\frac{2}{4} - 4\frac{1}{6} = \quad 6\frac{6}{12} - 4\frac{2}{12} = \quad 2\frac{4}{12} = \quad 2\frac{1}{3}$

9) $8\frac{4}{5} - 3\frac{4}{10} = \quad 8\frac{8}{10} - 3\frac{4}{10} = \quad 5\frac{4}{10} = \quad 5\frac{2}{5}$

10) $6\frac{11}{45} - 4\frac{1}{9} = \quad 6\frac{11}{45} - 4\frac{5}{45} = \quad 2\frac{6}{45} = \quad 2\frac{2}{15}$

58

1) $5\frac{9}{24} - 3\frac{4}{12} = \quad 5\frac{9}{24} - 3\frac{8}{24} = \quad 2\frac{1}{24}$

2) $5\frac{14}{23} - 1\frac{5}{46} = \quad 5\frac{28}{46} - 1\frac{5}{46} = \quad 4\frac{23}{46} = \quad 4\frac{1}{2}$

3) $5\frac{11}{29} - 4\frac{12}{58} = \quad 5\frac{22}{58} - 4\frac{12}{58} = \quad 1\frac{10}{58} = \quad 1\frac{5}{29}$

4) $8\frac{14}{16} - 2\frac{1}{8} = \quad 8\frac{14}{16} - 2\frac{2}{16} = \quad 6\frac{12}{16} = \quad 6\frac{3}{4}$

5) $7\frac{14}{58} - 1\frac{1}{29} = \quad 7\frac{14}{58} - 1\frac{2}{58} = \quad 6\frac{12}{58} = \quad 6\frac{6}{29}$

6) $5\frac{2}{6} - 3\frac{2}{10} = \quad 5\frac{10}{30} - 3\frac{6}{30} = \quad 2\frac{4}{30} = \quad 2\frac{2}{15}$

7) $8\frac{7}{11} - 1\frac{5}{22} = \quad 8\frac{14}{22} - 1\frac{5}{22} = \quad 7\frac{9}{22}$

8) $6\frac{2}{3} - 2\frac{15}{48} = \quad 6\frac{32}{48} - 2\frac{15}{48} = \quad 4\frac{17}{48}$

9) $9\frac{7}{11} - 3\frac{13}{55} = \quad 9\frac{35}{55} - 3\frac{13}{55} = \quad 6\frac{22}{55} = \quad 6\frac{2}{5}$

10) $7\frac{1}{4} - 3\frac{7}{28} = \quad 7\frac{7}{28} - 3\frac{7}{28} = \quad 4$

59

1) $7\frac{1}{3} - 4\frac{2}{42} = \quad 7\frac{14}{42} - 4\frac{2}{42} = \quad 3\frac{12}{42} = \quad 3\frac{2}{7}$

2) $5\frac{8}{16} - 3\frac{10}{32} = \quad 5\frac{16}{32} - 3\frac{10}{32} = \quad 2\frac{6}{32} = \quad 2\frac{3}{16}$

3) $7\frac{5}{15} - 1\frac{7}{45} = \quad 7\frac{15}{45} - 1\frac{7}{45} = \quad 6\frac{8}{45}$

4) $6\frac{9}{26} - 4\frac{5}{52} = \quad 6\frac{18}{52} - 4\frac{5}{52} = \quad 2\frac{13}{52} = \quad 2\frac{1}{4}$

5) $5\frac{8}{9} - 4\frac{10}{15} = \quad 5\frac{40}{45} - 4\frac{30}{45} = \quad 1\frac{10}{45} = \quad 1\frac{2}{9}$

6) $5\frac{14}{16} - 2\frac{10}{48} = \quad 5\frac{42}{48} - 2\frac{10}{48} = \quad 3\frac{32}{48} = \quad 3\frac{2}{3}$

7) $6\frac{8}{20} - 1\frac{5}{40} = \quad 6\frac{16}{40} - 1\frac{5}{40} = \quad 5\frac{11}{40}$

8) $8\frac{3}{5} - 2\frac{10}{20} = \quad 8\frac{12}{20} - 2\frac{10}{20} = \quad 6\frac{2}{20} = \quad 6\frac{1}{10}$

9) $9\frac{13}{16} - 4\frac{5}{12} = \quad 9\frac{39}{48} - 4\frac{20}{48} = \quad 5\frac{19}{48}$

10) $6\frac{5}{52} - 4\frac{1}{13} = \quad 6\frac{5}{52} - 4\frac{4}{52} = \quad 2\frac{1}{52}$

60

1) $9\frac{3}{5} - 2\frac{6}{20} = \quad 9\frac{12}{20} - 2\frac{6}{20} = \quad 7\frac{6}{20} = \quad 7\frac{3}{10}$

2) $7\frac{15}{20} - 3\frac{2}{4} = \quad 7\frac{15}{20} - 3\frac{10}{20} = \quad 4\frac{5}{20} = \quad 4\frac{1}{4}$

3) $9\frac{3}{7} - 2\frac{3}{28} = \quad 9\frac{12}{28} - 2\frac{3}{28} = \quad 7\frac{9}{28}$

4) $8\frac{4}{5} - 4\frac{2}{3} = \quad 8\frac{12}{15} - 4\frac{10}{15} = \quad 4\frac{2}{15}$

5) $7\frac{7}{10} - 1\frac{1}{4} = \quad 7\frac{14}{20} - 1\frac{5}{20} = \quad 6\frac{9}{20}$

6) $7\frac{12}{32} - 4\frac{4}{16} = \quad 7\frac{12}{32} - 4\frac{8}{32} = \quad 3\frac{4}{32} = \quad 3\frac{1}{8}$

7) $8\frac{2}{3} - 3\frac{10}{24} = \quad 8\frac{16}{24} - 3\frac{10}{24} = \quad 5\frac{6}{24} = \quad 5\frac{1}{4}$

8) $5\frac{9}{27} - 3\frac{2}{6} = \quad 5\frac{18}{54} - 3\frac{18}{54} = \quad 2$

9) $8\frac{4}{6} - 4\frac{2}{5} = \quad 8\frac{20}{30} - 4\frac{12}{30} = \quad 4\frac{8}{30} = \quad 4\frac{4}{15}$

10) $9\frac{10}{21} - 2\frac{1}{7} = \quad 9\frac{10}{21} - 2\frac{3}{21} = \quad 7\frac{7}{21} = \quad 7\frac{1}{3}$

9 780228 222491